AF371229

A. BROU, S. J.

LES
MARTYRS JÉSUITES
DU CANADA

Isaac JOGUES, Jean de BRÉBŒUF,
Jean de la LANDE, René GOUPIL,
Gabriel LALEMANT, Charles GARNIER,
Antoine DANIEL, Noël CHABANEL

ÉDITIONS DE L'APOSTOLAT DE LA PRIÈRE
TOULOUSE -:- 9, Rue Montplaisir, 9 -:- TOULOUSE

35° mille.

Les Martyrs Jésuites du Canada [1]

(35e mille)

Isaac JOGUES, René GOUPIL,

Jean de la LANDE, Jean de BRÉBEUF, Gabriel LALEMANT

Charles GARNIER, Antoine DANIEL, Noël CHABANEL.

C'était un véritable martyre déjà, et de tous les jours,
que la vie ordinaire des missionnaires chez les sauvages du Canada. « Qui croirait venir chercher ici autre
que Dieu, disait le bienheureux Jean de Brébeuf, n'y
trouverait pas son compte »; — et le Père Jérôme Lalemant : « On aimerait mieux recevoir un coup de hache sur la tête que de mener, les années durant, la vie
qu'il faut mener ici tous les jours, travaillant à la conversion des barbares. »

Ces barbares avaient assurément leurs qualités. Quand
le baptême avait fait d'eux des hommes en en faisant
des chrétiens, on les trouvait intelligents et généreux.
Il y eut de vrais saints dans leurs villages. La vierge
iroquoise, Catherine Tegakwita (1656-1680), est célèbre au Canada, et l'on a parlé de sa béatification. Plu-
sieurs suppliciés avec leurs prêtres, montrèrent un courage sans défaillance. Mais bien avant leur baptême, ils
se faisaient un point d'honneur, captifs de guerre, de

(1) Extrait du *Messager du Cœur de Jésus*, revue de vie chrétienne et d'action catholique.

se montrer intrépides dans les supplices. Par ailleurs, cruels jusqu'à l'atrocité, gloutons, sans gêne, sans bonne foi, licencieux, inconcevablement malpropres. Inutile de parler de la superstition : ils étaient le jouet des jongleurs qui leur faisaient voir partout des sortilèges, dans les objets de la chapelle, dans les signes de croix, dans la récitation du bréviaire. Aux Iroquois surtout s'applique cette description. Les Hurons sédentaires, les Algonquins. les Ottawas étaient plus paisibles, plus faits. ce semble. pour être victimes que bourreaux.

On devine ce que devenait la vie de ceux qui se faisaient sauvages avec les sauvages pour les gagner à Jésus-Christ. Il fallait les suivre dans leurs chasses ou leurs expéditions de pêche, donc passer des journées entières en canot d'écorce, ou s'en aller d'une rivière à l'autre, portant la barque sur ses épaules. Le P. de Brébeuf écrivait : « En péril cinquante fois le jour. de verser ou de briser sur les roches; pendant la journée le soleil vous brûle; pendant la nuit vous êtes la proie des maringouins (moustiques). Vous montez quelquefois cinq à six sauts (rapides) dans un jour, et n'avez le soir pour tout réconfort qu'un peu de blé cuit avec de belle eau claire; pour lit. la terre, et, bien souvent, des roches inégales et raboteuses; d'ordinaire. point d'autre abri que les étoiles, et tout cela. dans un silence perpétuel... Mais quel contentement d'aller par ces sauts et de gravir tous ces rochers à celui qui a devant les yeux cet aimable Sauveur harassé de tourments et montant le Calvaire. chargé de sa croix! L'incommodité du canot est bien aisée à souffrir à qui le considérera crucifié! Et quelle consolation de se voir. même par les chemins. abandoné des sauvages. languir de maladie ou mourir de faim dans les bois. et de pouvoir dire à Dieu : C'est pour faire votre volonté que je suis réduit au point, où vous me voyez. »

Dans les villages on avait des cabanes d'écorce, étroites et mal closes: pas de lit. pas de draps même pour les malades. presque pas de linge. « A peine oserions-nous donner notre linge aux mendiants des rues », disait un missionnaire. Un jour on vit arriver le Père Daniel à Québec dans un canot, l'aviron à la main, pieds nus, le corps décharné, la chemise pourrie et la soutane en loques. Le grand supplice était, durant l'hiver, non le froid, mais la fumée, qui devait s'échapper par le haut du toit, mais que le vent rabattait à l'intérieur. Si épaisse, si aigre, si opiniâtre, que « de cinq ou six jours entiers, si vous n'étiez tout à fait à l'épreuve, c'était bien tout ce que vous pouviez faire que de connaître quelque chose à votre bréviaire ». Alors, les yeux brûlés, larmoyants, aveuglés, on était réduit, pour respirer, à coller les lèvres sur le sol. Ajoutez une invraisemblable vermine sans cesse renouvelée par le contact avec les sauvages. La nourriture était à l'avenant, soupe de maïs broyé entre deux pierres, rarement moulu, blé bouilli à l'eau, assaisonné de poudre de poisson sec ou de poisson pourri, parfois des fèves, presque jamais de viande ou de poisson frais. « Le carême durait toute l'année, et il n'y avait pas de différence appréciable entre le Vendredi-saint et le jour de Pâques. »

Il serait facile de prolonger la description. A dire vrai, quelque mortifiante qu'elle fût, la vie des premiers missionnaires du Canada le cédait encore sur plus d'un point à celle de leurs successeurs sous les glaces polaires. Mais ce qui leur était particulier, c'était la continuelle menace de mort de la part des indigènes.

Avant même que la persécution iroquoise n'ait commencé chez les Hurons pendant longtemps, les missionnaires eurent à compter avec les sorciers. Il suffisait d'un rêve interprété par eux; le Père était rendu responsable des accidents de chasse, des épidémies, des guerres. On voyait partout des sorcelleries. Le P. Ragueneau eut presque la tête fendue pour avoir voulu baptiser une femme qui le demandait. Le P. Chaumonot, voyant qu'on levait la hache sur son compagnon, s'écria : « Il faut que je sois de la partie... », mais

Dieu les sauva l'un et l'autre — « Plaise à Dieu qu'on nous fende la tête d'une hache », c'est un souhait qu'on se faisait entre missionnaires. « Plus j'y entrevois de croix préparées, avouait l'un d'eux, plus le cœur me rit et y vole; quel bonheur de ne plus rien voir de ses yeux que des sauvages, des croix et Jésus-Christ! » Au Canada et en Louisiane vingt-trois Jésuites donnèrent leur vie.

Avant eux, dès 1625, le Franciscain Viel avait été jeté à l'eau par les Hurons : d'où le nom de Saut-au-Récollet donné à l'endroit du meurtre. Mais les premiers qui ouvrent la procession sanglante des martyrs authentiqués par l'Eglise sont les Jésuites Isaac Jogues et ses compagnons René Goupil et Jean de la Lande, victimes ceux-là des Iroquois. ces « Philistins de la Nouvelle France », comme on les a nommés.

*
* *

L'Orléanais Isaac Jogues (1607-1646) était un petit homme chétif. d'allure timide, allant toujours discret et silencieux, la tête un peu penchée. les yeux à demi-fermés. En réalité, c'était un audacieux, d'un calme et d'un sang-froid inconfusibles. Il avait rêvé de s'en aller en Ethiopie. où, vers ce temps-là, des Capucins français tombaient pour la foi. Le P. Louis Lalemant, le célèbre mystique, lui dit nettement : « Non, c'est au Canada que vous mourrez. » Il y était arrivé en 1636. et avait débuté chez les Hurons. Puis, avec le P. Charles Garnier, avait essayé d'évangéliser la nation dite du Pétun. Mal reçu. il avait dû se retirer, avait été plus heureux chez les Ottawas; enfin il était revenu chez les Hurons.

Or, en ce temps-là priant devant le Saint-Sacrement et demandant à souffrir pour la gloire de Dieu, il avait reçu cette réponse : « Ta prière est exaucée; ce que tu as demandé je te l'accorde; sois courageux et constant. » La prédiction n'allait pas tarder à se réaliser.

Envoyé à Québec chercher des objets de première né-
cessité, il avait accepté cette mission dangereuse. Dangereuse, car il fallait compter avec les Iroquois qui in-
festaient la route et étaient en guerre avec les Hurons.
Le 2 août 1642, ses provisions faites, il remontait de
Québec à la mission de Sainte-Marie. Il avait pour
compagnon René Goupil et Guillaume Couture, deux
« donnés », c'est-à-dire deux volontaires qui, sans être
religieux, se consacraient au service des missions. Un
certain nombre de Hurons, néophytes, catéchumènes et
autres, en tout une quarantaine, venus à Québec pour
leur commerce, s'en retournaient aussi chez eux. La
flotille comptait une douzaine de barques.

Au lac Saint-Pierre, une embuscade les attendait.
Quelques Hurons purent échapper : presque tous furent pris, et, avec eux, René Goupil. Le P. Jogues pouvait se sauver : il ne voulut pas abandonner les captifs,
surtout les chrétiens et se laissa prendre. A leur tour,
Guillaume Couture et le Huron Eustache Ahasitari, en
firent autant pour lui rester fidèles. Ils savaient bien
pourtant ce qui les attendait...

Les supplices commencèrent presque tout de suite.
Couture fut d'un courage admirable, et, plus tard, pou-
vant s'évader, il refusa encore de quitter le missionnaire. Il survécut pourtant et retrouva la liberté. Eustache périt dans les tourments, assisté jusqu'au bout
par le P. Jogues.

Pour lui, le missionnaire fut tout d'abord bâtonné,
et il tomba presque mort sous les coups de massue. Les
sauvages alors se précipitèrent sur lui, lui mordant
les pieds, lui mordant les mains, arrachant les ongles,
extirpant les os des deux index. Après quoi, on le sus-
pendit en l'air par le gras des bras.

Il fallut ensuite suivre les vainqueurs qui rentraient
chez eux avec leur butin. Sur terre, Jogues et ses compagnons servaient de bêtes de somme, à peine vêtus, mou-
rant de faim et de sommeil. Sur eau, liés au fond des
canots, ils étaient le jouet de leurs gardiens qui, pour

se distraire, leur « caressait » les plaies vives avec des alènes ou des éclats de bois. Traversait-on un village, la bastonnade recommençait entre deux haies d'Iroquois. Puis, on s'en reprenait aux pauvres doigts du Père Jogues, ces doigts qui avaient baptisé et qui avaient tenu l'Hostie. On en brûlait un, ou en broyait un autre avec les dents; une femme en sciait un troisième. Avec des couteaux on lui enlevait des lambeaux de chair. Et nous omettons une foule de détails.

Notons-le : ce n'était pas l'Européen que les Iroquois torturaient ainsi : ils étaient amis des Hollandais avec qui ils faisaient le commerce. C'était l'ami, le convertisseur des Hurons. Les habituelles calomnies des calvinistes faisaient leur effet. Les sauvages voyaient des sortilèges dans les rites catholiques et spécialement dans le signe de la croix. Ce fut pour avoir fait ce signe sur le front d'un enfant que, le 19 septembre 1642, René Goupil eut la tête fendue d'un coup de hache. Précédemment au cours de supplices qu'il avait dû subir comme les autres, bastonnades, doigts coupés, brûlures, etc., etc., il avait prononcé ses vœux de religion. Sa vie intime à lui aussi avait, depuis longtemps, été une préparation au martyre.

Maintenant, pour le Père Jogues, le temps des supplices était passé, provisoirement. Esclave d'une famille iroquoise, il la suivait dans ses chasses. Ses loisirs, il les passait à prier dans la forêt, méditant, chantant les psaumes, gravant la croix ou le nom de Jésus sur l'écorce des arbres. Mais ces manifestations extérieures de sa dévotion risquant de lui attirer la mort, toujours parce qu'on y voyait des sortilèges, il dut souvent se les interdire car ses compagnons d'infortune avaient besoin de lui. C'est la raison aussi pour laquelle il refusa de s'enfuir. Il essaya de prêcher, et put administrer jusqu'à soixante-dix baptêmes.

Cependant, sur les instances de la cour de France, la Hollande intervenait pour le délivrer. Lui, suppliait qu'on n'en fît rien. Sa présence chez les Iroquois était utile encore à la colonie. Il était là dans un poste d'observation et il parvenait à faire savoir à Québec ce que machinaient les sauvages. Ceux-ci finirent par s'apercevoir de la chose et son supplice par le feu fut décidé. Les Hollandais s'offraient à le faire évader : il hésitait. Après une nuit de prière où il pesa le pour et le contre, considérant que la situation changeait, que, par suite de circonstances nouvelles, l'apostolat lui devenait impossible, il accepta... Le jour de Noël 1643, il débarquait après un voyage plein d'incidents, dans un village de Basse-Bretagne, entre Brest et Saint-Paul-de-Léon. Bientôt après il était à Paris. Il y fut rejoint, un an après, par une autre victime des Iroquois, le P. Bressani. Tous deux, les mains mutilées, ne pouvaient dire la messe. Mais Urbain VII fit dire au P. Jogues : *indignum esset Christi martyrem Christi non bibere sanguinem :* « Ce serait une indignité qu'un martyr du Christ ne pût boire le sang du Christ. » Et Innocent X baisant les plaies de Bressani lui accorda la même autorisation. Tous deux firent tant qu'ils revirent le Canada, Jogues dès 1644, Bressani en 1645.

Le P. Jogues desservait la chapelle de Montréal quand, un jour, son supérieur lui proposa d'accompagner une ambassade chez les Iroquois. Le martyr frémit tout-d'abord : « Croiriez-vous bien qu'à la lecture de la lettre de Votre Révérence, mon cœur a été comme saisi de crainte?... » Mais il se ressaisit et partit. Il revint; ce fut pour repartir une seconde fois en missionnaire. « Il ne pouvait souffrir, disait le P. J. Lalemant, d'être si longtemps séparé de son épouse de sang. »

Abrégeons. Les Iroquois avaient fait la paix avec les Français. Mais pouvait-on se fier à ces perfides? Une épidémie venait de ravager les tribus: les vers avaient mangé la récolte. Le sorcier consulté désigna certain coffre laissé dans un camp par le missionnaire : tout le mal venait de là. On se saisit de lui, et, comme il en appelait à la foi jurée, les supplices recommencèrent. Un sauvage lui tailla sur les bras et le dos des lambeaux de chair qu'il mangea sous ses yeux. Cependant, tous n'étaient pas d'accord : il y avait un parti de la paix, et l'on parlait de rendre au martyr sa liberté. Pour en finir. de son autorité privée, un sauvage lui asséna un coup de hache qui le tua (18 octobre 1646).

Le lendemain. son compagnon, Jean de la Lande, subit le même sort. C'était un pieux homme de Dieppe, qui n'avait accompagné le P. Jogues que pour des motifs de foi. Il voulait. même au péril de sa vie, travailler à la gloire de Dieu.

*
* *

Après ce double assassinat, la paix était impossible entre Français et Iroquois. Une guerre était engagée où devait succomber la nation huronne.

Tous les jours, embuscades. meurtres, pillages, incendies, paniques, fuites apeurées. Les prisonniers, ditribués dans les villages. étaient « battus, brûlés, bouillis, rôtis » : ce raccourci est de la Vénérable Marie de l'Incarnation. Plus d'un. parmi les Hurons, souffrit vraiment pour sa foi. Tel fut torturé plus que les autres parce que. par des prières faites tout haut, il encourageait ses compagnons de supplice.

1648 et 1649 furent les grandes années du martyre. Il y avait alors dix-huit Pères chez les Hurons, car un notable mouvement de conversion s'était déclaré, et la ferveur était grande. Le plus en vue parmi les missionnaires était le normand Jean de Brébeuf. Arrivé au Canada dès 1625. obligé de rentrer en France à la prise de Québec par les Anglais. revenu en 1633, il fut le grand apôtre des Hurons. Haut de taille, vigoureux, énergique infatigable. il était le digne descendant de celui de ses ancêtres qui avait combattu à Hastings près de Guillaume le Conquérant. Il se fit sauvage avec les sauvages. partagea leur vie. les soigna dans les épidémies. mit leurs villages en état de défense. Cela n'empêcha pas les persécutions. Un jour. un coup de hache

qui lui était destiné se trompa d'adresse et fit tomber
la tête de son guide. Une autre fois, sa cabane fut incen-
diée. Sa mort et celle des autres Pères fut décidée en
conseil, etc., etc. Mais que désirait-il autre chose que
souffrir pour son Dieu ? Il était servi à souhait.

Il avait fait le vœu, et il le renouvelait tous les jours
à l'autel, tenant le corps du Sauveur entre ses mains, de
faire et de souffrir tout ce qui serait en son pouvoir
pour glorifier Dieu, « de telle façon, précisait-il, à
moins que votre gloire ne m'y oblige, que tout le reste
de ma vie, ce ne me soit plus une chose licite de fuir les
occasions de répandre mon sang pour vous, et, quand
je recevrai le coup de mort, je veux être obligé de le recevoir comme de votre main dans toute la joie de mon
âme. Ainsi recevrai-je votre calice en invoquant votre
saint nom. Jésus ! Jésus ! Jésus ! »

Ajoutons : mortifications d'anachorète, jeûnes veil-
les, cilices avec pointes de fer, prières extatiques, ap-
paritions, etc. Trois jours avant sa mort, ce qui devait
lui arriver lui fut révélé. Toute sa vie tient dans cette
phrase d'une de ses lettres : « *Sentio me vehementer
impelli ad moriendum pro Christo,* je sens un véhément
désir de mourir pour le Christ. »

Quelques-uns de ses émules en héroïsme font avec
lui un contraste curieux. Son compagnon de supplice,
Gabriel Lalemant, était frêle de corps, et, semblait-il,
d'âme plus délicate que forte. On se défiait de son im-
pressionnabilité : il lui avait fallu demander durant
seize ans la grâce des missions. Dans un écrit où il ex-
posait ses raisons de partir, il disait : « *Quoniam ego
in flagella paratus sum; hic ure, hic seca, ut in aeter-
num parcas.* Puisque je suis prêt pour être flagellé,
brûlez, coupez, mais pardonnez-moi durant l'éternité. »
Et encore, à lui-même, dans sa cellule : « Sus donc,
mon âme, perdons-nous saintement pour donner ce contentement au Sacré Cœur de Jésus-Christ : il le mérite
et tu ne peux pas t'en dispenser, si tu ne veux vivre et
mourir ingrate à son amour. »

Lalemant était d'une vieille famille parlementaire de Paris, et une famille de saints, neveu des Pères Charles et Jérôme Lalemant, ce dernier supérieur de la mission huronne. Son frère aîné était Chartreux, ses quatre sœurs Carmélites. Il ne fut guère que montré au Canada. Il n'était que depuis sept mois chez les Hurons, donnait les plus belles espérances, car il semblait avoir un don spécial pour les langues, quand Dieu répondit à son appel : « *Ure, seca,* Brûlez, coupez. »

Noël Chabanel, tout à l'inverse. Il n'était venu au Canada qu'avec d'infinies répugnances. Tout y révoltait sa nature, les voyages, la nourriture, le logement. Il semblait absolument rebelle aux langues. De vraies tempêtes soulevaient son âme : sa santé en était compromise. Encore s'il avait pu s'attacher aux sauvages! Mais à peine s'il pouvait les voir : leur contact lui était un supplice et il se demandait s'il ne ferait pas bien de demander son retour en France. L'épreuve dura trois ans. Soudain, dans un ressaut de courage, il fit le vœu suivant :

« Jésus-Christ. mon Sauveur. qui, par une disposition admirable de votre paternelle Providence, avez voulu que je fusse le coadjuteur des saints apôtres dans cette vigne des Hurons, quoique tout à fait indigne, me sentant poussé du désir d'obéir au Saint-Esprit, en travaillant à avancer la conversion de la foi des barbares Hurons, je fais vœu. moi. Noël Chabanel. étant en la présence du Très Saint Sacrement de votre corps et de votre sang précieux. qui est le tabernacle de Dieu parmi les hommes. je fais vœu de perpétuelle stabilité en cette mission des Hurons. entendant toutes choses selon l'interprétation des supérieurs et selon qu'ils voudront disposer de moi. Je vous conjure donc. mon Sauveur, qu'il vous plaise me recevoir pour serviteur perpétuel de cette mission et que vous me rendiez digne d'un ministère si sublime; — le 30 juin 1647. fête du Saint Sacrement. »

Cette héroïque donation ne mit pas fin à l'épreuve.

La difficulté pour les langues resta entière ; mais, sous l'action de la grâce, Noël Chabanel en vint à souhaiter le *martyrium sine sanguine*, le martyre non sanglant de la vie crucifiée, et aussi le martyre du sang. Il écrivait à son frère : « Je supplie tous les Pères de notre province de se souvenir de moi au saint autel, comme d'une victime destinée peut-être au feu des Iroquois. *Ut merear tot sanctorum patrocinio victoriam in tam forti certamine,* afin que, tant de saints priant pour moi, je mérite la victoire dans un aussi rude combat. »

Antoine Daniel, de Dieppe, était, nous dit son supérieur, « un missionnaire comme on en voit peu », humble, obéissant, d'une union parfaite avec Dieu, très doux, très patient, d'un courage qui ne reculait devant rien, très estimé de ses frères, très aimé de ses sauvages, pour lesquels il désirait grandement mourir. Son histoire est intimement liée à celle des premiers temps de la mission. On le rencontre sans cesse travaillant et souffrant. Lui aussi avait le pressentiment et le désir d'une mort prochaine.

Enfin, Charles Garnier, de Paris. Encore un infatigable. Il travailla treize ans au Canada : le P. Jogues l'eut pour compagnon dans sa tentative chez les Pétuneux. Les neiges ne l'arrêtaient pas dans ses courses à la recherche des mourants. On le vit porter un malade sur ses épaules une ou deux lieues, pour lui gagner le cœur et le baptiser ; s'en aller chercher, à dix ou vingt lieues, un moribond ou un prisonnier de guerre condamné au feu, et cela par des chemins où partout la mort le guettait.

On contait à son propos des choses merveilleuses : des sauvages avaient vu près de lui, tandis qu'il marchait, qu'il visitait et exhortait les malades, un compagnon mystérieux, très beau et très puissant... Invité par ses supérieurs à se reposer, il répondait :

« Il est vrai, je souffre quelque chose, mais ce n'est pas jusqu'à la mort. Dieu merci, mon corps et mon esprit se soutiennent dans leur vigueur. Ce n'est pas de ce côté-là que je crains : mais ce que j'appréhende davantage serait qu'en quittant mon troupeau, en ce temps de misère, et dans ces frayeurs de la guerre où il a plus besoin de moi que jamais, je ne manquasse aux occasions de me perdre pour lui. Si je voyais mes forces me manquer, puisque Votre Révérence me le commande, je n'omettrais pas de partir, car je suis toujours prêt à tout quitter pour mourir dans l'obéissance, là où Dieu me veut. Sans cela, je ne descendrai jamais de la croix où sa bonté m'a mis. » — Trois jours après, il mourait.

Nous ne présentons que les élus du martyre. S'il s'agissait des saints désirs, tous leurs compagnons seraient à signaler : Bressani, l'émule du P. Jogues, mais qui n'alla pas jusqu'à la mort; Poncet, qui chantait le *Vexilla Regis*, tandis qu'on lui coupait l'index; La Noue, mort gelé, les bras en croix, dans une tempête de neige. Et encore, Ragueneau, Chaumonot, Vimont, Le Jeune, Jérôme Lalemant dont Marie de l'Incarnation disait : « C'est le plus saint homme que j'aie connu depuis que je suis au monde. »

Le premier qui succomba fut le P. Antoine Daniel. Le 4 juillet 1648, au village de Saint-Joseph, comme il achevait la messe, les Iroquois survinrent, forcèrent les palissades, et bientôt tout fut en feu. Le Père courut baptiser quelques vieillards et infirmes catéchumènes. Pour faire vite, il procéda par aspersion, son mouchoir servant de goupillon. Pour donner à quelques Hurons de plus le temps d'échapper, il marcha droit aux ennemis. Il y eut un moment de surprise, puis une grêle de flèches s'abattit sur lui et il fut achevé d'un coup de mousquet. Les Iroquois lavèrent leurs mains dans son sang et jetèrent le cadavre au feu. Il était mort, le nom de Jésus sur les lèvres. Peut-être aurait-il pu fuir, mais « ma vie n'est rien, disait-il tant qu'il y a une âme à sauver. »

*En mars 1649, nouvelles tragédies et beaucoup plus atroces. Depuis quelque temps, les Iroquois faisaient moins parler d'eux : cette trêve était de mauvais augure : ils se préparaient. Le 16 mars, à l'aube, ils surprirent le village de Saint-Ignace, massacrèrent et brûlèrent, puis se jetèrent sur Saint-Louis. Là se trouvaient les PP. de Brébeuf et G. Lalemant. Eux aussi refusèrent de s'éloigner. Tandis que les Hurons repoussaient deux assauts, Brébeuf confessait les néophytes et Lalemant baptisait les catéchumènes. Tous deux furent faits prisonniers et immédiatement les supplices commencèrent.

Tout d'abord, on leur arracha les ongles des pieds et des mains, puis, sanglants, dépouillés de leurs habits, transis de froid, ils durent, en tête des captifs, faire les quatre kilomètres qui les séparaient de Saint-Ignace, cela sous les coups et parmi les cris de mort. Ils trouvèrent plantés les poteaux de torture. Brébeuf salua le sien, s'agenouilla, le baisa. Puis, tandis que les feux s'allumaient, Brébeuf encouragea les néophytes condamnés comme lui et ce dialogue s'échangea entre eux :

« Dans nos souffrances, disait le Père, levons les yeux en haut.

— Ne crains rien, répondent les sauvages : nos âmes seront au ciel pendant que nos corps souffriront icibas.

— Dieu verra nos douleurs : lui-même sera notre récompense.

— Prie le Maître de la vie qu'il ait pitié de nous!

— Courage, les tourments passent, la gloire est éternelle!

— Ah! nous ne cesserons de prier qu'en expirant. »

Tandis qu'ils parlaient, on enfonçait dans les chairs de Brébeuf des alènes rougies au feu, on promenait sur ses chairs des charbons embrasés, on lui suspendait au cou un collier de haches brûlantes. Lui, exhortait toujours. Exaspérés, des Hurons apostats, pour le forcer au silence, lui fendirent la bouche jusqu'aux oreilles, lui coupèrent les lèvres. le nez. On lui arrachàit des lambeaux de chair pour les manger. On lui enfonçait un fer rouge dans la gorge, et les charbons en feu dans la bouche; et, par dérision pour ce qu'il avait dit à ses compagnons de supplice. les bourreaux lui criaient : « Plus tu souffres plus tu seras récompensé. Quelle reconnaissance tu nous dois! »

Puis un Huron apostat lui versant de l'eau bouillante sur la tête en dérision du baptême ajoutait : « C'est pour que tu sois plus heureux là-haut. » Faut-il continuer l'atroce énumération? On lui scalpe la tête, on l'entoure d'une ceinture d'écorces résineuses qu'on allume et il brûle à petit feu. Des Iroquois alors lui ouvrirent la poitrine, arrachèrent le cœur et le mangèrent. Suprême et atroce hommage rendu à l'héroïque lutteur. Le supplice avait duré près de trois heures.

Celui de Lalemant dura une demi-journée et toute la nuit.

Tout d'abord. comme lui aussi exhortait les chrétiens à la constance. on lui fendit la bouche jusqu'aux oreilles, mais sans arracher les lèvres, et ce fut dans cet état qu'il assista au supplice de son compagnon. Quand celui-ci eut succombé. les bourreaux se reposèrent un instant. Vers 6 heures. ils revinrent à leur seconde victime. A peu près tout ce que Brébeuf avait enduré, il le subit aussi. Mais. de plus. dans une longue entaille, faite jusqu'à l'os. à la cuisse gauche, on se mit à faire glisser une hache rougie au feu. Autre incision en croix à l'autre cuisse. Cependant. il gardait une certaine liberté de mouvement. joignait les mains, s'agenouillait, levait les yeux au ciel. Jugeant qu'il puisait son courage dans ces gestes. les sauvages le contraignirent à séparer les mains, à se tenir debout. Ils lui arrachèrent même les yeux qu'ils remplacèrent par des charbons en feu. Et nous abrégeons. Le P. Charlevoix dit qu'au fort de la douleur il poussait des cris effrayants et semblait hors de lui-même : on l'eût été à moins.

Marie de l'Incarnation, elle, affirme qu'il souffrait tout « sans faire aucune plainte et sans dire un mot. »

La nuit venait. Un condamné ne pouvait mourir entre le coucher et le lever du soleil. Le martyr fut donc abandonné aux enfants qui purent en faire ce qu'ils voulaient à condition de ne pas le tuer. Ils lui tailladèrent la tête à coups de couteau, lui coupèrent le nez. Quand le jour parut, il fut ramené au poteau.

Il s'agenouilla, l'embrassa, et s'abandonna aux bourreaux. Les scènes de la veille recommencèrent. Enfin, vers neuf heures, un coup de hache lui fendit le crâne. Il avait 39 ans.

***

On n'était pas encore au bout, et la guerre durait toujours. Le 7 décembre vint le tour de l'intrépide P. Charles Garnier. Il était dans la bourgade de Saint-Jean, faisant le catéchisme, quand les Iroquois furent signalés. Il courut à l'église, donna à ceux qui étaient là une absolution générale, fit fuir tous ceux qui le purent, baptisa les catéchumènes, prépara les autres à la mort. Deux balles l'atteignirent dans ce travail. Il tomba, se releva, se traîna vers un chrétien blessé, et là fut abattu de deux coups de hache.

Le lendemain disparaissait le P. Noël Chabanel. Il avait quitté, la veille, Saint-Jean pour se rendre à Sainte-Marie. Dans la nuit du 7 au 8, la caravane s'arrêta dans un bois. Tous s'endormirent; seul le Père veillait. Vers minuit, il entendit passer les Iroquois qui emmenaient prisonniers et butin. Ses compagnons s'enfuirent. Lui, très fatigué, resta. Mais les ennemis ne le virent pas. A l'aube, avec un compagnon, il reprit sa route, arriva devant une rivière... On n'entendit plus parler de lui. Tout ce qu'on sut pour le moment, c'est qu'un Huron apostat s'était vanté de chercher un missionnaire pour le tuer. Plus tard, ce misérable avoua qu'il avait fait le coup et assommé le P. Chabanel. La raison, c'est que depuis que lui et sa famille avaient été baptisés, ils n'avaient eu que des malheurs.

Avec le P. Noël Chabanel, la série des martyrs canadiens canonisés est close. Cet holocauste sanglant ne fut pas perdu pour les âmes. Sans doute, la nation huronne disparaissait. Des 37 tribus, des 30 à 40.000 âmes qu'elle comptait naguère, elle était réduite à un millier de vagabonds. Les épidémies, les guerres, les famines décimaient les peuples sauvages. 200.000 Algonquins, il y a vingt ans; quelques milliers de chasseurs aujourd'hui. Du moins, ces barbares convertis peuplaient le ciel, et ce qui en restait faisait connaître le christianisme dans la forêt et le long des grands fleuves. Il y eut mieux : les Iroquois eux-mêmes finirent par se laisser toucher. Vingt ans après la mort des martyrs, Marie de l'Incarnation écrivait : « Les Iroquois se sont rendus souples à notre sainte foi; ils sont un grand peuple et un grand pays; ils font baptiser tous leurs enfants, et tous se rendent assidus à la prière et à l'instruction. » A leur tour ils ont disparu : mais si aujourd'hui le Canada français est encore un des pays où le catholicisme est le plus florissant, on peut bien dire que le sang des martyrs de 1646, 1648, 1649, y est pour quelque chose.

Imprimi potest :
Tolosæ, 3ª octobris 1925.
Jh. DEMAUX-LAGRANGE.

Nihil obstat :
Tolosæ, 3ª octobris 1925.
F. CAVALLERA, c. d.

Imprimatur :
Toulouse le 4 octobre 1925.
J. DÉLIES, c. g.

Imprimé en France.

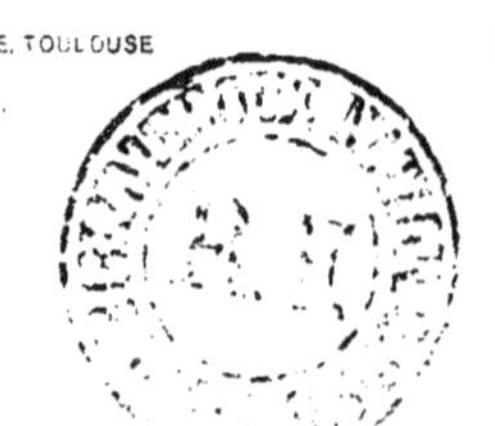

COLLECTION " AMIS DU CŒUR DE JÉSUS "

Biographies illustrées de 16 à 64 pages

Le Père William Doyle, le célèbre aumônier militaire anglais, 1 franc.

Un « Héros ». Le Père Gilbert de Gironde, 1 franc.

Un Chrétien. 17e mille. 0 fr. 50.

Zélia, suivi du **Carnet de fiançailles**, 0 fr. 75.

Un ami de Jésus : Auguste Bodin, 1 franc.

Apôtre au lycée et à l'armée : Marcel Antoine, 0 fr. 75.

Un apôtre des tout petits : Marcel Cambon, 0 fr. 75.

Louis Peyrot et l'Union catholique des malades, 0 fr. 50.

Les Martyrs Jésuites du Canada, 0 fr. 75.

Les Ascensions d'une Ame : G. de Montferrand, 0 fr. 75.

Un apôtre à l'Ecole Normale supérieure · Pierre Poyet, 0 fr. 75.

Saint Louis de Gonzague (P. V. Cépari, S. J.), 1 fr. 50.

Sainte Thérèse de l'Enfant-Jésus, 1 franc.

Un publiciste chrétien, Jacques Villefranche, 0 fr. 75.

Le P. Paul Ginhac, 0 fr. 50.

Professeur et Soldat : Lucien Lécureux (préface d'Emile Baumann), 1 fr. 25.

Anarchiste et Apôtre, 1 franc.

Les Martyrs de Laval, 1 fr. 15.

Saint Gabriel de l'Addolorata, 0 fr. 75.

Le P. Pro Juarez, fusillé au Mexique pour le Christ-Roi (10e mille), 1 fr. 50.

Une chrétienne : Madame Bettancourt, 1 franc.

Converti à quinze ans : Vincent Diliberto, 0 fr. 50.

Un précurseur de l'Action sociale : Le vénérable L.-E. Cestac, 1 franc.

La Mère Marie de la Providence, Fondatrice des Auxiliatrices du Purgatoire, 1 fr. 25.

Le Bienheureux Claude de la Colombière, 0 fr. 75.

La Fondatrice de la Propagation de la Foi : Pauline-Marie Jaricot, 0 fr. 75.

Un éducateur de la Jeunesse : le Bienheureux Don Bosco, 1 franc.

Fondatrice et Colonisatrice : Mère Javouhey, 1 franc.

La Bonne Harmelle. 1 fr. 50.

EDITIONS DE L'APOSTOLAT DE LA PRIÈRE, 9, Rue Montplaisir - TOULOUSE

C/C : 593

Imprimé en France.